BEI GRIN MACHT SICH IHR WISSEN BEZAHLT

- Wir veröffentlichen Ihre Hausarbeit, Bachelor- und Masterarbeit

- Ihr eigenes eBook und Buch - weltweit in allen wichtigen Shops

- Verdienen Sie an jedem Verkauf

Jetzt bei www.GRIN.com hochladen und kostenlos publizieren

Bibliografische Information der Deutschen Nationalbibliothek:

Die Deutsche Bibliothek verzeichnet diese Publikation in der Deutschen Nationalbibliografie; detaillierte bibliografische Daten sind im Internet über http://dnb.d-nb.de/ abrufbar.

Dieses Werk sowie alle darin enthaltenen einzelnen Beiträge und Abbildungen sind urheberrechtlich geschützt. Jede Verwertung, die nicht ausdrücklich vom Urheberrechtsschutz zugelassen ist, bedarf der vorherigen Zustimmung des Verlages. Das gilt insbesondere für Vervielfältigungen, Bearbeitungen, Übersetzungen, Mikroverfilmungen, Auswertungen durch Datenbanken und für die Einspeicherung und Verarbeitung in elektronische Systeme. Alle Rechte, auch die des auszugsweisen Nachdrucks, der fotomechanischen Wiedergabe (einschließlich Mikrokopie) sowie der Auswertung durch Datenbanken oder ähnliche Einrichtungen, vorbehalten.

Impressum:

Copyright © 2010 GRIN Verlag
Druck und Bindung: Books on Demand GmbH, Norderstedt Germany
ISBN: 9783668762046

Dieses Buch bei GRIN:

https://www.grin.com/document/434765

Tobias Tegge

Die Rollen des Mädchens im "Armen Heinrich" Hartmanns von Aue

GRIN Verlag

GRIN - Your knowledge has value

Der GRIN Verlag publiziert seit 1998 wissenschaftliche Arbeiten von Studenten, Hochschullehrern und anderen Akademikern als eBook und gedrucktes Buch. Die Verlagswebsite www.grin.com ist die ideale Plattform zur Veröffentlichung von Hausarbeiten, Abschlussarbeiten, wissenschaftlichen Aufsätzen, Dissertationen und Fachbüchern.

Besuchen Sie uns im Internet:

http://www.grin.com/

http://www.facebook.com/grincom

http://www.twitter.com/grin_com

Johann Wolfgang-Goethe Universität
Institut für deutsche Literatur und ihre Didaktik
Seminar: Einführung in die Ältere deutsche Literaturwissenschaft
Wintersemester 2009/10

Eine Hausarbeit zum „Armen Heinrich" Hartmanns von Aue

Die Rollen des Mädchens

Tobias Tegge
1. Sem. Germanistik
1. Sem. Philosophie

Inhaltsverzeichnis

Inhaltsverzeichnis..2
1. Einleitung..1
2. Hauptteil...2
   2.1 Inhaltsangabe „Der arme Heinrich"..2
   2.2 Die Rolle des Mädchens im 1. Handlungsabschnitt............................3
   2.3 Die Rolle des Mädchens im 2. Handlungsabschnitt............................3
   2.4 Die Rolle des Mädchens im 3. Handlungsabschnitt............................3
   2.5 Die Rolle des Mädchens im 4. Handlungsabschnitt............................4
   2.6 Die Rolle des Mädchens im 5. Handlungsabschnitt............................5
   2.7 Die Rolle des Mädchens im 6. Handlungsabschnitt............................6
   2.8 Die Rolle des Mädchens in der gesamten Handlung...........................6
   2.9 Die Rolle des Mädchens in den Handschriften A und B......................6
3. Fazit..7
4. Literaturverzeichnis..8

1. Einleitung

Die folgende Untersuchung befasst sich mit der Rolle des Mädchens im „Armen Heinrich" Hartmanns von Aue. Die Analyse erfolgt hauptsächlich auf Basis der mir vertrauten Edition der „Altdeutschen Textbibliothek" und somit der Handschrift A. Im späteren Verlauf werde ich mich in einem relativ kurzen Abschnitt anhand des Apparats der Edition auch auf die Handschrift B beziehen, dies aber zu gegebener Zeit kenntlich machen.

Ich werde bei der Analyse chronologisch der Handlung folgend vorgehen, wobei ich diese zum Zweck der inhaltlichen und formalen Gliederung in sechs Abschnitte unterteile. Diese Abschnitte können räumlich und zeitlich schon innerhalb der Handlung als festgelegt angesehen werden. Räumlich unterteilt wird die Handlung in die Einführung Heinrichs am Hofe, die Reise nach Salerno, das Aufsuchen des Meierhofs, die Rückreise nach Salerno und schließlich zurück an den Hof Heinrichs. Hinzu kommt ein zeitlicher Sprung, der die Handlung auf dem Meierhof teilt. Indem man dies berücksichtigt, kann man zu einer Einteilung in die Verse 1-162 (Einführung am Hofe), 163-266 (Suche nach Heilung in Salerno), 267-348 (Heinrich setzt sich auf dem Meierhof zur Ruhe), 349-1048 (drei Jahre später am Meierhof), 1049-1352 (Rückkehr nach Salerno) und 1353-1520 (Rückkehr an den Hof Heinrichs) kommen.

2. Hauptteil

2.1 Inhaltsangabe „Der arme Heinrich"

Der „Arme Heinrich" Hartmanns von Aue nach der Handschrift A schildert die Erkrankung und den Leidensweg eines Ritters, der auf ebendiesem Leidensweg eine Meierstochter kennen lernt, welche zu seiner Genesung beiträgt und ihn schließlich heiratet.

Die Erzählung wird durch einen Prolog eingeleitet, in dem der Autor sich und die Absichten, die er mit dem Verfassen der Erzählung verfolgt, vorstellt. Danach wird die Figur des Heinrich eingeführt, sein Charakter und seine Situation werden beschrieben. Dann setzt die Handlung ein und Heinrich erkrankt am Aussatz. Er sucht Rat bei den besten Medizinern seiner Zeit, jedoch wird ihm als einzige Arznei das Herz einer heiratsfähigen Jungfrau genannt, welches sie ihm freiwillig überlassen muss. Heinrich kommt zu dem Schluss, dass niemand die Güte besäße, dies zu tun und lässt sich ohne Aussicht auf Heilung auf einem Meierhof seines Reichs nieder. Dort wird er von den Besitzern des Hofes gepflegt, insbesondere von deren achtjährigen Tochter, zu der Heinrich ein enges Verhältnis aufbaut. So vergehen drei Jahre, bis die Tochter mithört, als Heinrich dem Bauern die Arznei nennt, die ihn erlösen könnte und erklärt, warum er sie nicht nehmen könne. Die Meierstochter denkt einige Zeit über das Gesagte nach, bis sie beschließt, Heinrich ihr eigenes Herz zu opfern. Daraufhin muss sie nacheinander ihre Eltern, Heinrich und, nachdem sie dort angekommen sind, den Arzt davon überzeugen, dass sie sich ihres Entschlusses ganz sicher ist. Die Opferung wird schließlich vorbereitet, doch als Heinrich den Klang des Wetzsteins vernimmt, überdenkt er seinen Entschluss und erkennt, dass es nicht recht sei, ein junges Mädchen für sein leibliches Wohl zu opfern. Er lässt die Vorbereitungen abbrechen, woraufhin das Mädchen ihn anfleht, ihr Opfer anzunehmen. Heinrich widersteht allerdings auch dieser letzten Versuchung und wird bald darauf von Gott geheilt, der von der Reinheit ihrer beider Gemüt beeindruckt ist. Nach einer letzten Rede, mit der Heinrich sich an seinen Rat und sein Volk wendet, um sie von der Richtigkeit des Folgenden zu überzeugen, heiratet er das Mädchen.

2.2 Die Rolle des Mädchens im 1. Handlungsabschnitt

Im ersten Handlungsabschnitt des „Armen Heinrich" wird man, wenn man ihn für sich nimmt, die Rolle des Mädchens nicht entdecken, denn es wird nicht erwähnt. Betrachtet man aber auch den weiteren Verlauf der Handlung und insbesondere den Schluss der Erzählung und versucht herauszufinden, welche Veränderung die Schlusssituation im Vergleich zur Situation zu Beginn der Handlung aufweist, stellt sich heraus, dass die Veränderung in der Vermählung mit der Meierstochter liegt. Somit liegt ihre Rolle darin, dass sie dasjenige ist, was Heinrich fehlt, um an den Schluss der Erzählung zu gelangen. Darüber hinaus ist die Rolle leer, sie wird weder gefüllt noch benannt.

2.3 Die Rolle des Mädchens im 2. Handlungsabschnitt

Die Rolle im zweiten Handlungsabschnitt wird dem Mädchen durch den Arzt in Salerno zugewiesen, der eröffnet, dass Heinrich zur Heilung einer *maget* bedarf, die *manbære/ und des willens wære*, den Tod durch Heinrich zu erleiden (V. 224-226). Mit dieser Erwähnung existiert nun eine neue Handlungsrolle, die gefüllt werden kann. Damit ist ebenfalls die Möglichkeit eines für den Protagonisten durchaus positiven Endes gegeben.

2.4 Die Rolle des Mädchens im 3. Handlungsabschnitt

Auf dem Meierhof wird die Rolle des angedeuteten Mädchens mit einer Person ausgefüllt, die Heinrich tatsächlich antrifft, als er sich aus dem bisherigen Leben zurückzieht, *eine[r] maget,/ ein kint von ahte jâren* (V. 302-303). Verschiedene Charakterzüge ihrer Person werden beschrieben. Sie nimmt keinen Anstoß an Heinrichs äußerem Erscheinen und *enwolde nie entwîchen/ von ir herren einen vuoz* (V. 306-307). Dazu kommen *kindes güete* (V. 322) und Eifer, denn *mit süezer unmuoze/ wonte si ir herren bî* (V. 326-327), insgesamt nur positive Eigenschaften.

Indem sie ihn pflegt, baut sich nach und nach eine Beziehung auf. Dass die so entstandene Beziehung nicht einseitig ist, wird deutlich, indem Heinrich ihr *spiegel unde hârbant/ (...), gürtel unde viengerlîn* schenkt (V. 336-338). Dies sind allesamt Gegenstände, durch die ein Mädchen zur Dame erhoben wird und somit drücken sie die Erwartung Heinrichs an das Mädchen aus. Noch ist sie zu jung, um die Rolle der sich freiwillig Opfernden anzunehmen, jedoch erfüllt sie in Bezug auf die Heilung Heinrichs schon die Rolle einer Hoffnungsträgerin und die seines *gemahel* (V. 341), wenn auch vorerst nur im *spil* (V. 331).

2.5 Die Rolle des Mädchens im 4. Handlungsabschnitt

Nachdem *driu jâr* vergangen sind, ist das Mädchen geradezu in die Opferrolle hineingewachsen, die erfordert, dass das Mädchen mannbar, also heiratsfähig ist (V. 350). Bevor es diese allerdings einnehmen kann, muss noch einiges geschehen. Dazu gehört, dass es mitbekommt, wie Heinrich seinem Vater erzählt, auf welche Weise er geheilt werden könnte (vgl. V. 378-460). Damit wechselt die Erzählperspektive auch von Heinrich zum Mädchen und konzentriert sich auf dessen Innenleben. Erstmals erfährt der Leser etwas über das Mädchen, bevor es eine der handelnden Personen erfährt, denn nachts, als die Eltern schlafen, *manigen sûft tiefen/ holte si von herzen* (V. 474-475). Ebenso ist in diesem Abschnitt das Mädchen nicht länger passiv, sondern trifft eine sogar handlungstragende Entscheidung allein. In Bezug auf Heinrich eröffnet sie ihren Eltern: *ê ich in sehe verderben,/ ich wil ê vür in sterben* (V. 563-564). Dieser Entschluss bereitet auch die Rolle der Märtyrerin vor, weil sie zum einen bereit ist für das Wohl anderer zu sterben und diese Entscheidung zum anderen selbstständig trifft. Zum Ende des Abschnittes, während die Reise nach Salerno vorbereitet wird, hebt Heinrich optisch den Standesunterschied zwischen ihm und der Meierstochter auf. Um dies zu erreichen, kleidet er das Mädchen in *hermîn unde samît* (V. 1024). Dies wird in der fortschreitenden Handlung aufgegriffen.

2.6 Die Rolle des Mädchens im 5. Handlungsabschnitt

In Salerno, wo der Standesunterschied für den Arzt nun nicht mehr erkennbar ist, weshalb er sie mit *vröuwelîn* anspricht (V. 1094), wird das Mädchen ein letztes Mal geprüft, indem es den Arzt von der Freiwilligkeit und Sicherheit seines Entschlusses überzeugen muss, der es fragt, ob es sich *bedâht* habe (V. 1065). Auf sehr bildhafte Art und Weise veranschaulicht der Arzt, was das Mädchen erwartet, sofern es einwilligt:

> *ich ziuhe dich ûz, sô stâstû blôz*
> *und wirt dîn schame harte grôz*
> *die dû von schulden danne hâst,*
> *sô dû nacket vor mir stâst.*
> *ich binde dir bein und arme.*
> *ob dich dîn lîp erbarme,*
> *so bedenke disen smerzen:*
> *ich snîde dich zem herzen*
> *und brichez lebende ûzer dir.* (V. 1085-1093)

Immer noch bleibt sie standhaft, denn sie ist *ein wîp* und hat *die kraft* (V. 1128). Erst hier erfüllt sie die Rolle der sich opfernden, nun erst ist sie an den Punkt gelangt, an dem von ihrer Seite aus keine Rückkehr mehr möglich ist. Als sie später aufgefordert wird sich zu entblößen, zerrt sie *diu kleider in der nât* (V. 1193), was ein deutliches Zeichen ihrer Ungeduld ist, nicht etwa weil sie in ihrer Entscheidung unsicher ist, da ihre Sicherheit zuvor mehrmals bewiesen wurde, sondern weil sie in ihrer Rolle aufgeht. Dadurch, dass sie die Entkleidung selbst vornimmt, und durch ihre Haltung, als sie *schiere stuont* und sich *enschamte (...) niht eins hâres grôz*, bewahrt sie darüber hinaus ihre Würde, was im Gegensatz zu den Schilderungen des Arztes steht (V. 1194-1196).

Nachdem Heinrich seinen Entschluss überdenkt und schließlich die Opferung abbricht, erleidet die Meierstochter einen Nervenzusammenbruch, denn dies beraubt sie ihrer selbstgewählten Rolle. Es gelingt ihr unter diesen Umständen nicht mehr, ihre Würde zu wahren, sie vergisst *ir zuht und ir site* (V. 1283).

2.7 Die Rolle des Mädchens im 6. Handlungsabschnitt

Der letzte Handlungsabschnitt präsentiert die Meierstochter als *trûtgemahel* Heinrichs (V. 1490). Dieser erhebt sie erneut über ihren Stand, diesmal nicht nur optisch, indem er sie mit *guote und mit gemache/ und mit aller slahte sache* überschüttet (V. 1447-1448), nachdem er auch durch ihr Mitwirken von Gott geheilt wurde. Sie erscheint nun wieder als *vrouwe[n] ode baz* (V. 1449). Er wendet sich mit einer ihn berechtigenden Rede an sein Volk und nimmt im Anschluss die Meierstochter *ze wîbe* (V. 1513).

2.8 Die Rolle des Mädchens in der gesamten Handlung

Über die Analyse einzelner Handlungsabschnitte hinaus muss aber auch die Rolle des Mädchens in der Erzählung betrachtet werden. Viele Eigenschaften der Meierstochter stehen im Gegensatz zu denen Heinrichs und beheben seine Mängel. So drückt das Sich zurückziehen Heinrichs seine Passivität aus, während das Mädchen aktiv versucht, den Tod Heinrichs abzuwenden. Die Meierstochter fungiert als Komplementärfigur zu Heinrich.[1] Darüber hinaus ist sie, obwohl sie nicht benannt wird, die zweite Hauptfigur des „Armen Heinrich", was sich damit begründen lässt, dass sie die Komplementärfigur Heinrichs ist und dadurch bestätigt wird, dass sie die einzige Figur neben Heinrich ist, deren Perspektive der Erzähler für einen Zeitraum einnimmt.

2.9 Die Rolle des Mädchens in den Handschriften A und B

Lohnend ist es auch, einige wesentliche Unterschiede der Rolle der Meierstochter im Vergleich der Handschriften (Hs.) A und B herauszugreifen. Zunächst weicht ihre Altersangabe zu Beginn der Handlung am Meierhof in der Handschrift B von A ab, denn in dieser ist sie *wol von zwelf iaren* (Hs. B, V. 279). Somit ist sie schon zu

---

[1] Vgl. Schiewer, Hans-Jochen: Acht oder Zwölf. Die Rolle der Meierstochter im >Armen Heinrich< Hartmanns von Aue. In: Matthias Meyer und Hans-Jochen Schiewer (Hg.): Literarische Leben. Rollenentwürfe in der Literatur des Hoch- und Spätmittelalters. Tübingen 2002, S. 659

Beginn in dem Alter, in dem sie in Hs. A die Opferrolle annimmt. Als sie vor der Annahme der Opferrolle steht, ist sie folglich 15 Jahre alt und an der Schwelle „zur adolescentia."[2] Das bedeutet, dass sie, als sie die Entscheidung fällt, nach mittelalterlichen Maßstäben als mündig angesehen werden kann. In diesem Alter ist ebenfalls die Rhetorik glaubwürdiger, die die Meierstochter an den Tag legt, als sie gegenüber ihren Eltern für ihr Opfer argumentiert.

3. Fazit

Es kann also festgehalten werden, dass die Meierstochter eine Vielzahl von Rollen erfüllt. Diese unterscheiden sich je nach Handlungsabschnitt und den Handschriften A und B. Möglicherweise übertrifft die Rollenvielfalt selbst die Heinrichs.

Die Rollen können auch unterschieden werden in solche, die dem Mädchen widerfahren und solche, die sich das Mädchen selbst sucht. Zu der ersten Kategorie Rollen zählen etwa die Rolle der Hoffnungsträgerin für Heinrich oder die seiner Braut, die sich langsam entwickelt, ohne dass eine Entscheidung von ihr verlangt wird. Der zweiten Kategorie gehört die Rolle der Pflegerin Heinrichs an, die sie annimmt, weil sie sich aus sich heraus um Pflege bemüht, sowie die Opferrolle, deren Freiwilligkeit weiter oben ausführlich behandelt wurde.

Von Belang ist auch, dass die Meierstochter maßgeblich zur Handlung des „Armen Heinrich" beiträgt, sogar zum Teil treibende Kraft der Erzählung und neben Heinrich die zweite Hauptfigur ist. Die eigentliche Hauptfigur und damit über Heinrich erhoben ist sie jedoch wiederum nicht, da ihre Rolle von Heinrichs Aussatzbefall und Heilung abhängig ist, somit also auch von Heinrich selbst.

---

[2] Schiewer, Hans-Jochen: Acht oder Zwölf., S. 652. Nach: Klaus Arnold, Kindheit und Gesellschaft in Mittelalter und Renaissance. In: Beiträge und Texte zur Geschichte der Kindheit, Würzburg 1980, S. 18

4. Literaturverzeichnis

Hartman von Aue: Der arme Heinrich, hg. v. Hermann Paul; Georg Baesecke u. a. Tübingen [17]2001 [ATB 3].

Schiewer, Hans-Jochen: Acht oder Zwölf. Die Rolle der Meierstochter im >Armen Heinrich< Hartmanns von Aue. In: Matthias Meyer und Hans-Jochen Schiewer (Hg.): Literarische Leben. Rollenentwürfe in der Literatur des Hoch- und Spätmittelalters. Tübingen 2002, S. 649-667

BEI GRIN MACHT SICH IHR WISSEN BEZAHLT

- Wir veröffentlichen Ihre Hausarbeit, Bachelor- und Masterarbeit

- Ihr eigenes eBook und Buch - weltweit in allen wichtigen Shops

- Verdienen Sie an jedem Verkauf

Jetzt bei www.GRIN.com hochladen und kostenlos publizieren